그리고
나는
　　　눈먼 자가 되었다

그리고 나는 눈먼 자가 되었다

강정 시집

2019
문학실험실

"몸, 그 몸은 모든 것의 근원이고,
그것은 사라지기 위해 만들어져야 한다."

피에르 파올로 파솔리니

- 009 망실공비 패턴
- 012 생활
- 016 그림자의 표본
- 019 야들야들
- 022 대기의 젖가슴
- 026 하늘과 음악
- 029 말의 살
- 031 나폴레옹
- 034 최초의 이명
- 038 삼중주
- 041 소리 천체
- 044 석순의 기원
- 047 잠수한계치
- 050 창조의 맛
- 053 그믐, 우는 소리
- 056 누드 입상
- 058 우뚝 삼킨 삼대三代
- 061 시간의 우물
- 065 코트의 영혼
- 068 썩은 사과
- 073 살인자의 나들이

076 서쪽에서 온 육자배기

079 창 안 바람 창밖 바람

082 풀춤

085 나 홀로 기생

088 하얀 곰팡이

091 수장된 미래

095 말들의 말

098 돌의 눈

100 돌의 날개

103 인화印畵한 지동설

106 불을 껴안은 여인

108 모델수업

113 마담魔譚 백수부 씨의 시네마토그래프

117 향기는 섬의 뿌리에서

120 오름 극장 1

122 오름 극장 2

125 진짜로

136 맹盲

139 그리고 나는 눈먼 자가 되었다

140 시인의 말

147 感 • 눈먼 광대의 춤, 혹은 우주적 몸의 노래 _김진수(문학평론가)

망실공비 패턴

정말 춤추고 싶다면 말일세,
모든 꿈이 깨어
사방 벽이 흔들리며
척추가 흐물흐물 녹는 소릴 들어보게

막 끝나가는 꿈이
마지막으로 중얼거리는 소리일 거네
같이 손잡고 움직일 대상이 없더라도 말일세,

이것은 촛불의 그림자가 공기에 형태를 파는 동작인가,
홀로 깊이 박아놓은 중심이 물로 흩어져
기나긴 화염을 입속에 욱여넣는 파동인가,

자문해본다면 말일세,

가만히 먼곳을 바라보면
아직도 춤추고 있는 꿈속의 전쟁

다가가려 발 돋우면
먼 시간의 꼬챙이로 항문부터 쑤시고 들어오는 적막

그 어떤 음악이 또렷한 동선을 그려놓지 않았더라도 말일세,
네모진 공간이 둥그런 궁륭으로 불빛을 튀겨대며 부푼다면 말일세,

그 무슨 동작으로도 자네가 꿈꾸는 그림이
이 동굴 안에 새겨지지 않는다더라도 말일세,

휘어진 하늘이
항문에서부터 온 내장을 우려내듯
산맥처럼 우르르 쾅쾅 전신을 걸러내는 동작이
자네가 평생 꿈꾸던 그 모양새일 걸세,

그렇게 나는 하늘에 뻥 뚫린 동굴이라 홀로 되새긴다면 말일세,

햇빛이 난사한 물체들이 스스로의 속내를
스스로 눈치 못 챈다 하더라도 말일세,

오래전 죽은 자들의 입을 열어
자네 몸 안이 그들의 이동무대라는 사실을 알리려 한다면 말일세,

자신이 쏜 총알이 억겁을 돌아
자손들의 이빨이 되고 혀가 되고 흉금이 된다고 믿어본다면 말일세,

그렇게 되리라 믿어보리라 말하여
세상이 벌컥벌컥 큰 화산 불 속 용암으로
기나긴 형틀을 바꾼다고도 말해볼 걸세,
그렇게 녹아
새 빛 바라기하는 바윗덩이로
거듭 태어나봄직도 하다고 말일세,

생활

> 만약에 나라는 사람을 유심히 들여다본다고 하자
> 그러면 나는 내가 시와는 반역된 생활을 하고 있
> 다는 것을 알 것이다
>
> _김수영,「구름의 파수병」中

누가 물었다
왜 시에 생활이 없냐고
우주를 날아다니(는 척하)는 너의 정체는 뭐냐고
생활이 무어지?
문득 생각했다
생각과 생활의 차이도 잠깐 되짚었다
누구에게든

사전事典이 되고 싶진 않아 깔깔 웃고 넘겼다
집에 와서 생각했다
생각이 생활이 된 것인가,
생활이 생각을 만드는 건가,
발레리가 떠올랐다
레오나르도 다 빈치를 따져 묻다가
생각이 생활이 되어
20년 동안 생각의 독무獨舞 속에서 몸이 굳은 자
그러더니 결국 발레 대본 같은 칸타타를 쓴 자
발레가 생각이면 좋을 것이다
생활이 발레이면 더 좋을 것이다
하루에 똥을 몇 번 싸는지 고백할까
옛 애인이 그리워 울고 웃다
선뜻 화가 치밀어
선도 면도 점도 흐리마리한 잡화나
괴발개발 환치는 생활 아트 라이프를
너에게 고백할까
수음하고 나서 듣는 음악이 베토벤과 말러라고 신문에 연재라도 할까
그렇다면,

이 생활도 생각 너머 우주를 근심하는 발레 같을 것,
베토벤 9번 4악장은 4분의 4박 8마디에 7음계를 다 숨았다
말러는 그래서 불행했고
말러를 듣는 나는 불행마저 초월한 자일 수도 있겠다 싶어
잠깐 내가 대단했고 오래 내가 서글펐다
우주를 생각하며 수음하는 것도 음란이라면
내 생활은 상수와 하수를 아우르는
물의 기원일지 몰라, 라며
킥킥댔다
너무 웃어 눈물이 났다
역시 상수와 하수는 같은 수원이야,
라고 여기는 건 생각의 자위이고
하수가 넘쳐 상수가 당황하니
이건 생활의 음란이야,
라고 여기는 건 고급 사유 같았다
사유의 여러 음가를 사전 찾아 뜻 매기는
장난질하긴 싫었다
이것도 내 생활이고 생각이건만,

그것의 주체는 당최 누구인지 알 수 없었다
생각해봐도 모르겠고,
생활해봐도 알 수 없었다
생활해본다는 말이 본말전도 언어도단 같아서
생각도 생활도 나의 일은 아닌 것 같다
이 시는 그래서 생활의 쓰레기다
그래서 뜨거워 생각의 엔트로피일 것이고
누군가 손닿으면 맥없이 쓰러질 팽이와도 같은 것이다
팽이가 돈다
팽이가 돈다[1]
팽팽 돌아 스스로 우주가 되고서도
스스로 절멸 못하는
이것이 생활이라고
나는 모두에게 답한다
구름의 사생활은 구름조차 알 수 없는 거라고

---

[1] 누구나(?) 다 아는 구절일 것 같아 따로 명시 안 한다. 이것도 언어의 관성의 재활용일 테니.

그림자의 표본

꽃비 아래를 걷는 동안
그림자가 선뜻 몸 앞으로 나선다
저 스스로 먼저 나아갈 길을 비틀기라도 하듯
내가 나 자신일 때는 들여다볼 수 없는 몸속 내장과
내 귀로는 살펴 들을 수 없는 목소리의 음영 따위가
몸 앞에 길게 뻗는다
해는 찬연한 만큼
해가 드리운 그림자의 협곡은 깊고
그림자 표면엔 휘날린 꽃잎들이 천공의 자수 솜씨로
고요하게 분분하다
오래전부터 나는 내가 무엇인지 몰랐었으나
꽃잎 들러붙어 이리저리 유영하는 그림자의 형태는
오래전부터 내가 누구였는지 흑백 분신으로 나타내

는구나
　이것은 이를테면
　봄의 척후가 과거를 통찰하는 방식
　나아가는 모든 길이 몸 안의 유적이나 진배없어
　절로 노래를 흥얼거린다
　즐거웁지도 슬프지도 않은 노래는
　미리 앞서 걸음의 궤적을 허공에 떠낸 그림자의 잔향
으로
　오래 떠돈다
　발끝이 짐짓 뜨겁다
　올려다본 해는 하도 성이 나 외려 성층권의 냉기를
훈풍으로 녹여
　발밑 개미들의 운동 노선을 또렷한 지도로 그려내 보
인다
　풀잎 하나
　나무 한 그루
　돌들의 입성 하나하나가
　별세계의 표식인 양 낯설어 외려 표일하다
　내 몸이 유폐된 누각처럼 굳어버리는 만큼
　그림자는 더 멀리 질러 내달리며

보다 분명한 형태로 사방 꽃무늬를 흩뿌려대고
봄의 진공 속으로 으르렁거리며 발톱을 세워
부처님 불알이라도 질근질근 씹어버릴 듯한
이 적요는
온몸으로 꽃을 피운 표범의 기나긴 꿈속인지 몰라라

야들야들

뭐라 답할 수 없는 말을 듣곤
혀끝으로 입술을 살짝 적신 후
그저 야들야들, 발음해본다
너의 의사와
나의 충동을 버무려 무슨 합의를 이룰 수 있을까 싶어
그게 정말 서로 바라마지 않는 바로 그 내용인지 알 수가 없어
그저 혀를 조물딱거린 것일 뿐인데,
너와 나 사이에 돌연 광활한 들판이 펼쳐진다
초점 흐릿한 렌즈 하나가
두 이마 사이를 가로지르는 듯
무너진 억장 위에 카메라를 세워 찍어낸
어느 슬프고 색정 강한 영화 한 편이 춘몽인 양 흐르고

일순 대사를 놓친 배우처럼

나는 또 혀를 굴려 야들야들, 읊조린다

어째 추임새가 본음本音보다 명확하다

착각과 오해의 사랑이

적나라와 환멸의 지옥 사이에서 줄타기하는 광대를 부르고

너와 나 사이에 펼쳐진 들판에선

아슬아슬 야들야들한 굿판이 열린다

이런 것이 아니었네

저런 것도 아니었네

어떤 것도 아니었고

어떤 것이 아닌 것도 아니었네

줄 타고 뛰노는 게 기쁨만은 아니듯

떨어져 등신이 되거나 잡신의 시종이 되는 것도

죽음만은 아니겠네

이해도 오해도

삶도 죽음도

마땅히 짚어낼 말이 없어 야들야들, 혀만 축이는

이 초조한 내성이

저 나름 심급을 흔들고 눈 귀의 파동을 뒤트는 이런 걸

그저 소리 내지 못한 신음의 밑그림이라 우겨
허공에 점자 찍듯 또 침을 우려
혀를 굴린다
야들야들

대기의 젖가슴

> 당신은 젖가슴을 본 게 아니에요.
> 그 아래를 본 거죠.
> 그 호흡을…
>
> _마르그리트 뒤라스

산정 암벽에 한 여인이 드러누워 있다
 어쩌면 여러 명이 엉켜 서로의 알몸을 감추려는 건지도 모르지

 감출수록 더 드러나는 것에 대해선 이미 모든 말이 모자라다
 바라볼수록 눈을 아프게 하는 것들에 대해서도

언젠가 저 꼭대기에 오른 적이 있다
눈에 보이는 꼭대기보다 더 높은 곳이었는지도 몰랐으나
높은 곳에 올랐다기보다
더 내려갈 곳 없는 바닥에서 천체를 머리에 이고 있는 기분이었다
새도 나무도 절멸한 바윗덩이 위로 물고기 얼굴을 한 사람들이 살고 있었다
숨은 늘 아래로 흐르고 사람들의 몸은 투명했고
피부는 푸르고 붉었다
푸르고 붉다라고 설명할 수 없이 투명한
적나라한 보라였다

수만 굽이의 산과 몇억 년의 바다를 버무려도 우려낼 수 없는,
모든 가능한 색의 조합을 벗어나 있는 적막의 색조였다

멜로디를 지워버린 음계의 파형을 새기듯
한데 엉킨 여인들이 천천히 융기했다
아무것도 알아들을 수 없었으나

여태 쓰이지도 발설되지도 않은 소리들이 사람들의 꼴을 바꾸었다
물고기라 여기면 산양이었고
사자라 여기면 거대한 악어였다

죽음이 나를 기억하는 방식이라 여겼을까

숨이 막혀왔다
살아서 한 번도 폐로 숨 쉬어본 적이 없었던 것만 같았다
그 먹먹함이 황홀해 난생 처음 아름다움이란 게 존재한다고 믿을 만했다

엉겨 있던 여인들이 풀숲으로 내려앉고
몇몇은 먼바다의 평평함으로 잠이 들고
또 몇몇은 소용돌이치는 해일로 일어섰다가 살아 있는 산과 도시의 길들로 분해되었다

산정 암벽엔 다시 한 여인이 해를 등진 채
드러누워 대기의 숨을 고르고 있었다

바다를 삼킨 산이 부풀어 오른 천공에 푸르른 분지가 떴다
 오랫동안 눈멀어 있다가 다시 눈뜬 세상에서 처음 본 형태라 여겼다

 내 숨통이 대기의 젖통 아닐까 싶었다

하늘과 음악

커튼 없는 창가에 나무를 덧대 문을 걸어두었다

방안으로 성큼 걸어 들어오던 하늘이
잠깐만이라도 내세의 음영들에 엉터리 빛을 그려대지 않도록
나는 내 더러운 알몸을 조각내
모두 알고 있다 떠들어대는 가짜 비밀을
아무도 알 수 없을 누더기로 구름 속에 띄운다

모든 음악은 하늘의 발자국 소리
귓불을 크게 내려 출렁이는 악절들을 땅의 뿌리 아래 감춘다

정수리에 붉은 꽃이 솟아
나는 뿔을 달고 하늘을 탐침하는 괴상한 교회처럼 융성하리라

눈썹 아래 울긋불긋한 소리의 그늘이
금세 삭풍에게라도 붙들린 걸까

유리창 밖에서
유리보다 차고 맑은 하늘
창가에 걸어둔 문으로 꽃들이 뻗어 나간다

중학생 때 밤마다 들었던 노래가 온 방을 환하게 휘적거린다

태양에게 꽃을 보냈으니
나는 아마 구름들의 정원에서 흘러내린 꽃 덤불 속
꽃의 뿌리로 썩어 더 자랄 모양이다

눈썹 아래 펄럭이는
붉다 푸르다 노래지는 음파들의 양탄자를 칩떠보자

더 크게 부라릴수록 눈꺼풀 안에서 뇌수를 죄이고
귀 밖으로 구름 떼를 뽑아내는,
보이지 않는 수은의 진동이 이 겨울의 첫눈으로
피부의 불을 다스리리

말의 살

눕기만 하면 성경 구절이 떠오르려 해
이것은 과연 누구의 귓속말이고
누구의 차진 입술일까
공연히 마음이 성기 끝까지 직통해
또다시 이것은 누구의 음란이고
누구의 화통일까
오래도록 잠들지 못한 맨살만 더듬는다

이토록 부드럽고 꺼칠하기만 한 어원語原을 어느 시대 원인原人이 다지고 버무려
수만 년의 하루 중에 새겨놓았을까

발끝과 머리끝 사이 곳곳에 반점들이 제각각 입을 열

려 하는데
 넘을 수 없는 선 아래에서 북받치는 말들이란
 식도 끝에 걸린 음식물과도 같은바,
 누운 채로 모공을 열어 수평으로 뒤섞어놓은 말들이 가시덤불을 이뤘다

 가시 가득 돋친 거울 속
 피투성이 예수의 얼굴

 구토가 치밀어 허리를 굽혀
 바닥에 음각된 글자들을 읽으려 하니
 천둥의 본심과 지진의 울분까지 덩달아 울려
 또 어느 먼 하루의 누군가 이 자리에 누워 스스로를 참형하기 전에
 시체 속으로 들어가듯
 다시 드러누워 몸을 뚫고 천정을 훑는 말들의 뜻을 헤아렸다

 죽기 전날 일이었다

나폴레옹

그냥 떠오른 이름이었다
작은 키보다
유려한 콧날이 잠깐 다녀본 스위스의 어느 산길 같
았다
그를 깊이 생각해본 적이 있었던가
백마를 타고 전두 지휘하는 그림 속 모습이 왠지 슬
펐다는 기억이다
유폐와 도전의 역사란 누구에게나 있을 것,
동일시의 착각과
무관심의 여백 사이를 말 타고 달리는 모습 또한
어느 빈한한 작자의 악보 속에서나
절정을 맞을 뿐,
칼을 다루는 법이나

수만 대군의 성정을 헤아려
눈 퍼붓는 지옥을 천국의 휘장으로 둘러치는 요령 또한
내게는 유전되지 않은 공상의 성채이다
나폴레옹,이라 발음되는
그 이름의 초성과 종성의 파장이
칠 음계 안에서 아직 조합 가능한
마음의 평균율에 닿아 있는 건지도 모르지
나폴레옹,이라 중얼거리며
여섯 줄 기타를 만지작댄다
그의 치욕이나
그의 원대한 야망도 기타는 소리 낼 줄 모르지만,
장팔사모를 휘두르는 장비의 취중 혈기나
풍차에 맞서는 돈키호테의 망상과는 또 다른 가락이
그 이름에선 출렁인다
나폴레옹 나폴레옹
나비의 움직임 같기도 잉어 떼의 점프 같기도 한 그 이름을
집 앞 천변에서 떠올린 건지
헤어진 애인의 몸태에서 아로새긴 건지 이젠 알 수 없지만

더 이상의 욕망이나 기쁜 미래도 점치지 않으려 하는 마음이
달에 홀린 피에로처럼 나폴나폴
삶을 수작하는 마지막 의성어인 양 천지사방 나폴거린다
래옹來翁이라 허수 놓듯 곱씹으니
늙음이 이렇게 오는 거라면
얼마나 더 많은 젊음의 비늘을
집 앞 천변이나 녹슨 기타 줄에 더 비벼대야 하나 싶어
잠시 입을 다문다
나비 떼가 또 집 안 가득 들어찬다
그 소리 없는 합창의 종장은 늘 둥글게 거품처럼 투명하다
나폴레옹 나폴레옹
당신은 왜 이리도 오래 사시는가

최초의 이명

제주 시편

지구 반대편으로 날아갈 때보다
더 빽빽하게 달팽이관을 조이는 이명의 원인을
나는 오래 알지 못했다
하늘로 오르려는 기도와
물속에 잠겨 고요히 잠들었던 울분이 드잡이한 것인가
하늘에서 보면
바다의 울혈 진 혹,
바다에서 보면
하늘에서 무너져 내린 돌무덤 같은
드넓은 봉분
하늘도 바다도 분간 안 되는 통증 속에서
얼굴 하나 구겨 넣기 힘든 비행기 창문으로
뛰어내리고 싶을 정도로 그저 말없이 아팠다고만 해

두자

  막 착륙하려 할 때
  멀리 희미하게 드러누운 산의 형해가
  죽은 여인의 입김처럼 으스스했다고 말하는 것도
  내가 겪지 못한 어느 시간에 대한
  틀 박힌 사념에 불과할 뿐,
  거기 살고 있는 사람들이
  똑같은 원한의 귀신들과 더불어 삼킨 울음이
  나무들의 습기를 발효시킨 거라고도
  함부로 말하지 말자
  그저,
  말하지 않아도 몸이 저리고
  귀 기울이지 않아도 귓속이 따가워지는
  내 몸의 기원에도 생면부지의 죽음들이
  바다와 하늘 사이에서 울며 춤추고 있다고만 여기자
  흰 이빨의 파도와
  옥빛 물살을 금세
  쇳덩이의 기세로 검게 적시는 바람의 폭거
  몸 안에서 오래 죽은 여인의 그림자가
  더 큰 여인을 일깨워 젖 달라 외치는 그 소리를 따라

나도 크게 외쳤다
나더러 들리라고,
바람에 바투 흔들리는 몸을
여인의 큰 그림자 안에 잠시나마 또렷한 생물로 서 있게 해달라고,
두개골을 가를 듯 외쳤다
파도만 더 크게 울고
내 소리도 내 안으로만 쪼개져
섬 전체가 하늘 속에 구멍 나 있는 천계天戒의 동굴로 향했다
바람 속에 너덜거리는 내 아픔이
하늘과 바다 사이에 접붙여 놓은 생사의 모든 통로 같았다
하룻밤 체류가
전 생애를 거스르는 통증으로
온밤을 지웠다
귀경 비행기 끝을 누가 붙들기라도 하는 듯
기체가 오래 흔들렸다
귀먹는 게 세상이 지워버린 뭇 소리들을
최초의 울음인 양 다시 채록하는 거라 여겨

창공에서 내내
내 귀를 내 입으로 삼켜 바다에 뱉어내고 싶었다

삼중주

사거리 복판에 새 한 마리 쓰러져 있다
천지간의 핵으로 뚫린 동굴의 입구라 여겼다

고양이 두 마리 양쪽에서 새를 훔치려 눈 밝힌다

고양이가 새를 먹으려는 것도 정직한 질서고
먹히지 않으려,
다시 날아오르려 하는 새의 안간힘도 온당한 이치라
그 어느 편도 서지 않으려는 게 인간의 법法이려나

십자로에 놓여
스스로를 벌하는 사제의 심정이다

고양이에게 경고를
날개 다친 새에게 선의를
다해보려 하지만 별빛은 냉담하고
바람은 여전히 형태가 없다

새가 푸덕거린다
세상의 어느 층간에선 진도 8의 지진이 발생할지 모른다
새나 고양이에게
망설임은 홍해와 같고 발걸음은 타이탄에 맞먹을 것

새를 두 손으로 들어 올린다
자동차 밑으로 숨어버리는 고양이들

새를 거꾸로 떠메고 있던 하늘이 발아래 곤추선다
새의 마지막 숨이 손금 타고 심장에 금줄을 새긴다

큰절하듯 새를 내려놓았다
돌아서는 뒤통수에 고양이들 다시 눈 밝힌다

달빛의 꼬리가 내 눈에서 튀어나온
더 깊은 하늘의 홍채 같다

소리 천체

내가 무엇인지 돌연 궁금해
거울 속에서 동강동강 튀어나온 소리들에 색을 입혔다

가슴 아팠다거나 누가 그리웠다거나 하는 마음들이
무슨 원뿔 마냥 둥글둥글 솟아올라
커다란 집이 되었다
원래 그런 마음이란 원래부터 다른 마음이었다

일순, 작은 방이 천 리 만 리까지 포획하였다

소리가 부풀수록 더 넓어져
우주를 만개시키는 나팔이거나
천지를 흡수하는 깔때기 같은 게 되어버렸다

거울의 뒷면이란 이토록 광대한 것이었던가

나와 너라는 게
광년의 허리를 싹둑 잘라
그 단면 안에서만 헛손질하던 우주의 껍질에 불과했던가

천체를 옮겨다 놓은 방에 소리는 소리 없이
색으로만 떠돈다

흰색과 검은색 사이의 모든 색이 그저 희고 검을 뿐인데,
만져보면 알알이
초록에 가까운 노랑이고
두들겨 진액을 빨아보면 빨강에서 멀어져가는 자줏빛이다
또 그렇게 아무 색도 아니어서
실낱같이 안 보이고 철기둥처럼 완강하다

소리는 소리 없이 소리의 색을 마시고

집은 발 디딜 수 없이 커져
사라진 나의 자리만 배꼽처럼 뾰로통하다
거기서 꽃이 자란다

꽃이라 여겨 꽃일 뿐,
마음이란 저러한 육체의 잉여를 어떻게 그려내는가 하는
오인誤認의 기술이거나
뱃거죽 내벽에 쓰인 책들을 모두 읽고
몇 겹의 죽음을 길게 삼켰다 뿜아내는
똥줄기의 첨탑일지도 모를 일

소리의 투명한 항아리 안에서 나는 점이 되었다
거기 입을 대고 긴 숨을 불어넣어 다시 천체를 부풀리는 자,

공기의 각적수가 유리 가면을 벗는다

석순의 기원

빗소리 속에서
10년 전 사라진 고양이 발톱이 번득였다
비뚤어진 태양의 머리가 목덜미에 심겼을 것이다
짧은 낮잠의 바깥을 돌고 도는 섧고도 따가운 울음

깨어보니 방안 전체가 끈적끈적한 섬유질이다
거미줄에 갇힌 파리처럼
나는 하늘이 토해내는 쇳소리에 갇혀
배꼽 깊숙한 곳의 우물을 파헤친다

돌도끼와 솟대,
만 년 전에 삼켰던 바윗덩이 따위가
정수리를 뚫고 만방의 시간을 음각하니

병든 호랑이가 새끼를 사산해버린 먼 꿈속의 동굴이
진짜 내 몸이었는지도 몰라

명치에 꽂힌 빗소리 끝에
은구슬 같은 게 매달려 있다

뚝뚝 돋아나는 몸 안의 석순들
종이가 탄생하기 전에도 나는 그렇게
거미줄을 뜯어내는 늑대거나
늑대에게 말을 배운 어린아이처럼
하늘의 표피를 몸속 궁륭 아래 천형인 양 새기고 있었을 터,

잠을 깨면 늘 더 커다란 잠 속이고
잠이 들면 이미 온갖 것들이 다 살다간 천상의 시궁창이다

비는 땅에 닿아 다시 돌이 되어
하늘의 이마를 찢으니
그렇게 터진 피를 나는 지금,

만물의 기원이라 새로 적고 있다

잠수한계치

바다는 눈 그늘 아래에서 커다란 평면으로 죽어갔다

내가 가라앉는 것이었으나
물속에 오래 잠겨 있던
대성당과 무너진 망루 같은 게
어젯밤 꿈에서와 너무 똑같아
마치 솟아오르는 기분이었다

나는 기도하는 심정이 되었다

움켜쥔 두 손이 물 밖으로 날아오르면 태양을 찢는 칼이 될 것이나
찢어진 불들은 다시 물이랑 끝 꽃으로 피고

오래 수장되었던 아이들이
꽃을 따러 쇳덩이를 바구니 삼아 떠오를 것이다

더 깊이 내려갈수록 죄여오는 심장은 물고기들에게 맡기자

부어오른 임파선에선 유령들이 치아를 갉아 먹는다
밑바닥의 바위들은 흐늘흐늘 스스로 윤곽을 떼어내
나의 해골과 함께
먼 훗날의 지표면으로 떠오를 텐데,
거기 적힐 글월들을 읽어내는 건 먼 과거의 망자들이다

가만히 있어도 춤이 되는 사지,
한 호흡마다 거품이 되는 시간 안에
수 세기의 인간들이 다 지나간 폐허의 구릉이 떠 있다

물고기들은 대지의 눈물이 압착시켜 놓은 저승의 편지 같다

눈알을 파내면 또 다른 지구의 흔적이 붉은 연기를 피어 올린다

숨 막혀 죽을 것 같을 때,
그럼에도 여전히 죽을 수 없을 때,
죽음마저 정물이 되어
무심한 문어처럼 가만히 이편만 바라다볼 때,
그제야 고개 쳐들고 물 밖으로 오르자
입던 옷을 벗는 게 아니라
원래 없던 옷을 다시 벗는 듯 온전히 사라지자

먼저 실패한 이들의 광활한 실패를 더 크게 실패하자

수면을 뚫고 나온 눈이 햇빛에 찔려 마른하늘의 누선에 최초의 번개가 새도록

창조의 맛

목덜미의 부드러운 나선을 지그시 바라보자니
사람 피부에도 노랑 파랑 빨강의 무늬가 다채롭구나

파르라니 떨고
노랗게 깜빡이고
빨갛게 달아오른 말소리의 색조를 그저 탐하였을 뿐,
갈 데까지 가리라곤 상상도 못 했다

누구인지 알았더라면 전혀 다른 사람이었을 거고
 누구인지 몰랐더라면 오래 그려 혼자만 품던 그런 이였을 거다

 손을 얹자 빨강이 도드라져

미간의 노란 수심을 슬프게 떠냈고
눈빛의 푸른 열망을 훔쳐 바닷물을 퍼냈다

음조를 자꾸 바꾸는 노래 탓이었을까
목울대의 가녀린 진동을 삼각 프리즘이라 여겨
노을의 변주와 여명의 착란을 변박으로 뒤섞어
재생 불가의 찬미곡을 써냈다

오로지 한 번뿐이었기에,
다시는 그 목덜미를 훔칠 수 없을 것이기에,
나는 너를 깨물었다
천지의 입맛은 가려도 까탈 부려 가릴 수 없는 게 음식과 음악뿐이듯,
나는 너를 뜯어 먹어
천상의 색조와 지옥의 하모니를 자전하는 지구의 축으로 박아놓았다

지구가 돈다
늘 다른 색으로 돌고
늘 같은 박자로 일그러진다

능히 귀신을 울릴 시공이 이제 너의 다른 이름이다

그믐, 우는 소리
제주 시편

70년 된 죽음을 돌이키는 노파의 입에서
아쟁 소리가 난다
태어난 곳으로 억지로 끌려가는 아이의 울음이거나,
나무와 풀들을 태우고
달의 꼬랑지마저 녹이려 드는 불의 외침이거나,
살려고 버둥거리는 모든 파동은
마음속 깊은 금속들이
스스로 제련되는 소리를 갖게 하는가
총소리를 구부려
총 쏜 자에게로 되돌리려는 과녁들의 새된 외침
죽음을 끌어안아버린 노파의 심장에선
납덩이를 삼켜 스스로 불이 돼버린
긴 세월의 악보가

나무들의 심줄을 탄탄케 하고
돌들의 허파 속에 하늘을 담아
바람의 등뼈를 뾰족하게 벼리는,
아쟁 같기도 해금 같기도 큰북 같기도 한,
괴이하게 따뜻한 음조를 파도에 뒤섞어 춤추게 한다
한없이 듣다 보면
내 마음속 쇠들이 물을 마시고 불을 다스리다
청동의 울음으로 터져
온몸을 검은 흙의 일부로 으깨어 흩어지고야 만다
누군가 죽어 묻힌 흙
또 누군가 죽음을 끌어올려 파도를 울부짖게 하던
그 길 위에서
나는 이미 그때 죽었고 그때 다시 살아난
또 한 명의 노파
능소화 한 떨기 구부러진 길을 따라
어릴 적 잠들 적마다 들었던 친할머니 구음 소릴 흉
내 내
먼 하늘을 본다
누런 표창 하나 박혀 있는
그믐이다

가슴에 와 박히도록 길게 쳇소리 내 울어보았다
삶과 죽음의 자력이
이 한 몸 안에서 모든 죽은 이의 심장으로 팽창할 수 있도록
죽은 자들의 실눈으로 산 자의 길을 깨우치는
그믐이다

누드 입상

옷을 벗고 서 있으려니
더 단단한 껍질을 껴입은 듯싶네

문득, 달의 심정을 헤아려보네

누구를 대신해 빛을 발하거나
누구의 시혜를 입어 스스로를 어둠 속에 가두거나 하는 일
사람도 매번 그렇게 다른 것의 그림자라는 것

이미 발가벗고 있지만
더 벗고 싶은 게 있다는 듯
나는 내 몸이 스스로에게 하는 소리를 듣네

매우 고요하네

신음과 비명이 같은 입이고
향기와 구역이 또 같은 코의 일이라
심장은 오랫동안 저 자신의 줄기를 찾느라
또 그토록 부산하였나 보네

진흙 버무려
벗고 있는 나를 자네가 빚는 동안
자네가 발가벗긴 나를 자네 눈으로 보네

흙과 물과 불과 바람이 또 한 사람의 몸으로 태어나니
자네가 살려낼 그 사람의 알몸을
내가 다시 입을 순 없을 것 같네

거기 다만 입 맞추겠네
내 입을 본뜬 그 입술이 뱉는 말

온전히 나와 닮지 않은 부분들만 詩로 굳었더라네

우뚝 삼킨 삼대三代

제주 시편

누구를 잃어버린 기분으로 걷던
저지리 소로에서 내 몸속을 들여다봤던 것 같다

삼대三代가 한데 엉켜 무너질 듯
세 개의 얼굴로 회반죽된 돌하르방
아니, 할망인지도 모른다
큰 머리 아래 작은 머리와 더 작은 머리
웃는다 여겼더니 속이 아렸고
우는 거라 여겼더니 등골이 저렸다
어쩌면 할망도 하르방도 아닌,
살아 있는 모든 남자와 여자의 원형일지도 모른다
큰 얼굴은 눈 감고 있었다
중간 얼굴은 웃는 듯싶고

작은 얼굴은 젖 물리고 싶은 표정이었다
그 밑을 파보면 더 많은 얼굴들이
봄날 개구리처럼 튀어나올 것 같아
돌연 배 속이 이글거렸다
말 걸면 뱀이나 도롱뇽 따위가 기어 나올 것 같아
내 몸이 이물스러웠다
일별하고 지나가려니
자꾸만 뒷덜미를 잡아끄는 목소리 같은 게 있어
몇 번 되돌아와 돌 위에 말풍선을 그려보았다
허공에 찍힌 말을 읽어낼 순 없었다
사진을 찍어두곤 오래 잊었다

봄이 가고 여름이 가고 가을 무렵,
다시 그 얼굴들을 본다
큰 얼굴은 오래전 죽었고
중간 얼굴은 죽음 위에 웃고 있고
작은 얼굴은 죽음 아래 살고 있는 모습이었다
위에서부터 홑자 죽음의 미래였고
아래서부터 홑자 미래의 죽음이었다
그렇게 한 덩어리로 오늘의 생명이었다

인근에 조형 예술가들이 고즈넉이 살고 있다는 게
짐짓 부끄러웠다

시간의 우물

#

해를 가린 막 안쪽에서
시간 바깥으로만 상영되는 영화

#

걸인과 사제가 서로의 뒤 통로에서
신의 허물과 햇빛의 누더기를 기워
하늘의 몸통을 기도와 비통 속에서 끄집어내는
정오의 파동

#

나는 창가에 흘러내린 보이지 않는 말들을 칼끝으로
퍼낸다

\#

소리의 붓질이 창틀의 너비를 넓힌다
나비와 꽃이 자리를 바꿔 나무의 본심을 거리에 뿌리고

\#

뇌리를 긋고 사라지는 오토바이 속도만큼
빠르게 노인이 되었다가
가로수로 우뚝 서
구름의 정념들을 필사하는 빛의 기둥

\#

단 한 번 나타나
여러 번 자신의 이녁이 되는 사람들

\#

창가에서 발효된
소리들의 중심체는
사물들의 색을 훔쳐 암막 안쪽에서 숨 쉬는
무지갯빛 공기로 흐른다

\#

음각된 음악들로 풀 먹인 공간이
천천히 녹아내려
내가 이미 시간의 누액이다

\#

해의 가장 깊숙한 곳으로 제자리 돌다 첨탑으로 솟은 바다여
발가락 사이 갈퀴로
너의 이마에 십자의 흉터를 새기리

\#

사라진 명왕성 자리까지 돋아나 붉은 머리통을 입욕하는
만 년 중의 하루

\#

빛의 촉수는 본디 해조海藻들의 말줄임표였을 것이라고,
나는 점액질의 몸통을 창틀에 덧대

오늘의 표층을 등사한다

죽음의 불룩한 그림자 안쪽에서
죽음의 투명한 메아리 바깥으로

코트의 영혼

고양이들 놀던 데서 뒹굴다 온 코트를
옷걸이에 걸어두었지
눈썹이고 콧잔등이고 할 것 없이 고양이털이 지분댔더랬어
어젯밤 대화를 엿들은 고양이들 귀가 따라온 것 같았어

손가락으로 귀를 후볐어
사각거리는 별들의 추임새도 천장 귀퉁이 거미줄로 떨어져
조각난 어근과 어미들이 이 방의 먼지가 되더군

걸려 있는 코트를 바라봐

지하철 타고 돌아오며 그토록 가리고 싶어 했던 잔털들마저
　옷의 일부가 된 듯 생면부지 음악 소리로 울려

　따라 불러보니 고양이의 목젖마저
　이 몸에 옮았나 봐
　새된 목청이 없던 감정마저 허공에 날 세워 공기의 피륙을 찢는군
　어서 나오렴, 불러 봐
　대답도 미동도 없어

　갈 데도 없이 코트를 챙겨 입어
　옷 입는 시늉이 더 큰 옷을 벗어 다른 뭔가를 덮어주는 기분이야
　지난밤 고양이의 눈을 떠올려 봐

　알 수 없는 문자가 방안에 떠돌아
　자다 깨서 고양이 흉내를 내던 옛 애인 생각이 나네
　어서 나오렴, 누가 날 불러
　대답도 미동도 하지 않았어

어서 나오렴,

다만 나갈 곳을 찾아 두리번거릴 뿐이야

썩은 사과

어느 가을 초입,
누가 건네준 사과를 먹지 않고
오랫동안 책장에 놓아두었다
바라볼 때마다 여전히 새빨갰다
나무에 매달려 파랬던 시절도 있었을 거라 생각하니
빨간 껍질 안에 숨겨진 파란색이 사과의 과거라 믿는 게
우선은 옳다고 여겼다
농부였든 서리꾼이었든
사과를 떼어낸 건
시간을 도둑질하는 짓일 거라는 생각도 했다
시간이 오래 지나도
사과는 계속 빨갛기만 했다

빨간 시절을 그대로 놔두면 다시 파래질 것이라고도 믿어보았다
파란 시절마저 거슬러 가면
다시 가지 끝 몽우리가 되고 씨앗이 되어
천천히 사라질 것이라고도 믿어보았다
사과가 사라지는 게 먼저일지
내가 죽어 없어지는 게 먼저일지 가늠해보았다
사과가 사라지는 것과
내가 사라지는 게 같은 시간의 영역인지 따져봤다
그동안에도 사과는 계속 새빨갰다
조금씩 주름져가는 걸 깨달은 건
한동안 사과를 잊고 있을 사이였다
사과 주변에 꽂힌 책들의 제목이 짐짓 낯설어 보였다
다 읽은 책도, 읽다 만 책도, 읽고도 내용이 기억나지 않는 책들도
모두 사과가 새로 쓴 지상의 낡은 양식 같았다
사과 덕에 읽은 책에 사과에 관한 내용이 있었다
사과 한 알이 떨어져 지구가 부서질 만큼 상했다는 시도 떠올랐다
지구를 망가뜨린 사과를 주워 먹는 사람을 상상했다

사과가 떨어지는 걸 보며

만물의 원리를 간파했다고 떠들었다는 사람도 생각했다

감히 사과를 떨어뜨려 볼 생각은 하지 못했다

집이 부서질 거라거나 땅이 꺼질 거라는 두려움은 없었다

사과가 혼자 사라지길 기다리며

사과가 발각해낸 책들을 길게 길게 파먹었다

아주 잠깐 내가 다른 사람이 된 것 같았다

주름진 사과 표면이 점점 흙빛으로 변했다는 걸 알았을 때

마음속에서 누군가 사라지고 있다는 걸 깨달았다

마음이 부서질 만큼 아팠으나

지구는 여전히 단단했고

죽으려 내려다본 겨울 강물은

혼자 상상해본 사과 속만큼이나 어두웠다

다 익은 사과가 악착같이 매달렸던 나무라도 되는 양

다리 난간에 매달려 내려다본 검은 물살들,

겨우 살아 돌아와 사과를 보니

그 물살이 그대로 사과에 둘러쳐져 있었다

눈길 주지 않던 사이,
사과는 더 쭈글쭈글해졌고 겨울이 익숙해져 있었다
사과를 만지면 힘없이 부서지거나
내 몸이 온통 검어질 것 같았다
또 그렇게 오래
사과와 함께 쭈글쭈글 마음을 쥐어짰다
사과가 먼지를 먹는 건지
먼지들이 사과를 갉아 먹는 건지 헷갈리는 순간이 왔다
사과 한 알에 상해버린 지구가
몸 안에서 자전하고 있었다
공중낙하에 실패한 사과와 함께
오래 믿고 있던 세계 하나가 알몸을 드러내
스스로가 거짓이었음을 알렸다
흑갈색으로 짜부라진 사과 한 알이 머리통 열고 들여
다본
나의 뇌수 같았다
봄이 오자 사과를 겨우 만졌다
끈적끈적 푸석푸석
사과가 최초이자 최후의 냄새를 풍겼다
지구도 나도 사과도 그렇게 한줌이었고

날 삼킬 것 같던 검은 강물도 한 호흡의 역류였다
골목으로 나와 사과를 벽에 던졌다
회색 벽에 검붉은 얼룩이 번졌다
수평으로 자라날 사과에 대해 멀리멀리 생각했다
반대편 천변의 꽃잎들이
이편으로 기어 오며 죽어가고 있었다

살인자의 나들이

1

누가 등을 툭 친 듯하여
돌아보니 눈 뒤집어쓴 상점들만 하나같이 과일가게로 보인다
누가 흰 바탕에 노랑 빨강 초록의 균열들을 그려놓았을까

눈발들 하나하나의 속내가 머리칼 끝에서 투명하다
겉으로 울지 않은 울음이 허공에 둥둥 떠
수정의 성채로 빛나니
있었던 일도 있지 않았던 일도
다 흰 눈의 그림자 안에서 세상 밖의 일이었나

나는 최초의 나를 만나
최후의 나로 살아남았다
죽음은 오로지 타인의 것일 때만 명징하다

이름 부르는 소리는 그저 숨죽인 바람의 기색이거늘
 지난밤 휘몰이가 등뼈 추스르는 중모리로 가라앉을 즈음,
 비명의 민낯이 하도 순연해
 들끓던 피의 요동이 스스로를 그리워하는 수절가로구나 구슬프다

2

장갑을 벗으면 손이 사라졌을 것이고
모자를 내리면 얼굴이 천지사방 흩날릴 것이나
아직 나를 아는 사람은 여기에 없다

눈 쓰는 소리가 언 고기 써는 소리나 진배없다

나를 알았던 사람도 갑자기 나를 모를 것이고
나를 몰랐던 사람들이 별안간 나를 깨우칠 것이나
온통 흰 빛뿐인 사방이 오늘을 건너
검은 너울의 거미줄로 평생토록 눈부시다

누가 또 등을 친 듯하여 돌아보니
송골송골 눈발들이 내 이름을 부른다

과일가게의 과일들이 뚜벅뚜벅 다가와 커다란 눈빛이 된다
무지개의 마지막 맛이 달다

서쪽에서 온 육자배기

제주 시편

황갈색의 남자가 소리를 뽑는다
뿌리 뽑힌 자의 소리,
새로 뿌리 내리려는 자의 소리가
오래 들어
푸석대기만 하던 육자배기를 닮았다
알아들을 수 없는 말이
땅에 사무치는 또 다른 뿌리로
뼛속을 울린다
처음 들으나
죽음을 맛본 자들에게
처음 아닌 게 어디 있으랴
다른 세상을 그려 왔으나
와보니 같은 음조가 여기에도 넘실대는구나 싶어

남자는 목젖을 더 크게 연다
오래 들어
푸석대기만 하던 옛 소리가 오늘 와 새롭다
새로운 걸 먼 데서만 찾았던 게 어리석었다
먼 데일수록 더 가깝고
먼 데일수록 더 투명해지는 슬픔 같은 걸
남자도 나도 질펀하게 소리 내며
서로의 속을 꿰뚫으며 본다
덩달아 나도 소리 뽑는다
여직 뽑을 게 있다는 건
상한 것도 성성한 것도
모두 한 몸의 운동이었다는 뜻
여태 뽑아내지 못한 건
내 몸이 오직 나만의 몸일 뿐일 거라는
미망의 응어리 탓이었던 것
황갈색의 남자가
검은 땅 위에서 죽은
수십 년 전 유령들과 만난다
알고 보면,
모든 뿌리 뽑힌 소리는

죽은 자가 땅에 박아놓은 생명의 탯줄이었을 거다
황갈색의 남자가 뿌리 뽑힌 소리를
새로운 땅에 뿌리 박는다
죽음이 휘몰아치는 땅에서 날아와
죽음이 휘몰아쳐 갔던 땅에서 스스로 발가벗는다
나도 덩달아 웃고 울며 나를 벗는다
바다가 멀리서 춤춘다
증명해야 할 당신의 실체는 그것만으로 족하다

창 안 바람 창밖 바람

제주 시편

바다가 내려다보이는 찻집에
오래 앉아 있었다

주변 나무들이 느릿느릿 걸어 다니는 한낮

한때 병정이었을
한때 총탄이었을
한때 시체이었을
한때 어린애였을

나무들이 뚜벅뚜벅
한낮의 햇빛에 장단을 먹이며

바다를 들춰 입고
바람을 전령 삼아
돌들의 무게를 재는 시간

찻잔 속에 검은 그림자가 올랐다
들이켜면 독이 될 줄 알았다
들이켰더니 내 안에 없던 시간이 생겼다

한때 어린애였을
한때 시체이었을
한때 총탄이었을
한때 병정이었을

나무들이 폐 한쪽에 숲을 이뤘다
태어나던 때보다 더 먼 곳에서 나는
불타고 있는 그들을 봤다

찻집을 나오니
따가운 볕과 차가운 바람
지옥의 과거로 낙원의 미래를 덧칠하는

한낮의 투명한 그림 속

귀신들은 밝게 웃었다
찻집에서 나오니 내가 앉았던 창가가 핏빛이었다

풀춤

집에 풀이 들어왔다
아기 손바닥만 한 푸른 타원형, 끝이 뾰족한
풀을 오래 바라본다
풀 앞에서 내가 할 수 있는 말이란
나는 풀을 바라보지만 풀이 바라보는 건 나란 말뿐,
풀을 건네준 여자에 대해 생각한다
이틀 전만 해도 생면부지였던 그녀가
이제 다섯 줄기 풀로 내 집에 들어와 산다
언젠가 말라 죽을 것이나
어쩌면 내가 풀보다 먼저 죽을 수도 있을 일
등골이 잠시 저릿하다
내가 오늘 살아 있다는 사실이 공연히 놀랍다
풀이 혹시 죽음 너머에서 날 바라보는

저승의 렌즈일 수 있을까

풀을 바라본다

잎맥이 내 핏줄보다 또렷이 융기돼

풀이 태어나기 전 세상의 형태에 대해 꿈꾸게 한다

그 푸르른 혈관 속에

절멸한 꽃비들을 활강케 한 바람의 통로가 열려 있을까

풀을 위해 할 수 있는 일이 무얼까

풀을 준 여자는 그 스스로 풀이 되어 다른 곳에 열매를 피울 테지만

풀을 들인 나는 스스로 풀 죽지 않으려

몸 안에서 썩어가는 바람의 뿌리에 그림자를 꿰어주려 한다

집안엔 바람이 들지 않는다

바람은 오직 내 속에만 숨어 있어

발뒤꿈치와 골반과 척추 사이에 공기를 부풀리면

풀들이 가볍게 살랑이는 듯 보이기도 하는데,

그런 듯이 보인다는 건

그런 듯이 보고 싶다 믿겠다는 것과 다를 바 없는바,

발끝에서 장딴지까지 돋아 오른 핏줄들을 풀에게 보이니

나 스스로 풀이 되고 바람 되어
저 세상에 한 줄기 풀의 족속으로나 보여질까 하는 착각이
한 시절 스스로 부여잡을 자연의 명분이나 되는 양 엄중하고 황홀하다
풀을 바라본다
움직이지 않는 풀을 향해
온몸을 풀어헤쳐 춤을 춘다
풀을 바라보는 눈 속에서
움직이지 않는 풀이 춤춘다
풀의 대동맥 안에서 이 집은 어제까지만 오늘이었던
거대한 꿈의 흙무덤이었을 것
풀을 춤춘다
아기 손바닥만 한 타원형의, 끝이 뾰족한
오래 잠들어 있던 우주의 비늘들이 펄럭인다

나 홀로 기생

가랑이를 벌릴 듯 말 듯 술잔을 받으니
술이 가랑이 사이로 들어왔다

마음을 열어 보이라 하니 입술을 쫑긋 세워
마음이란 게 대체 어디에 있는 요물인지
당신이 알고 있다면 짚어 달라며 입안에 든 술을
지분대는 당신 혀 위로 옮겼다

가락을 퉁겨 속내를 뱉으라 하니
목젖을 죄어 엄마에게나 들려주던 소리를 콧바람으로 내보내었다

다 알아들었는지 넘겨짚었는지,

행여 저 믿고 싶은 대로나 재단했는지
허허 웃어대는 탁음의 파형이 정녕 하고 싶던 말의 반대쪽에서 밤의 능선을 홀로 적시고

거꾸로 들이 부은 술인 만큼
거꾸로 밀어버린 진심만큼
물구나무선 채 문득 다시 술병에 채워지는 이 몸의 前史

홍알대고 비비 꼬고 추근대며 적셔댄 몸이
술상 뒤편 고무나무에게로나 옮아가 객쩍은 그림자로 대거리하는 동안
떠도는 산소가 하도 찬연해 홀연 베토벤 오빠의 환청이 빙의되나 싶은데

사방은 시방,
오직 저 홀로 먼 자신을 수작하며
빈 밤의 먹먹한 적조를 가슴팍의 홍조로 일깨워 까마귀 떼를 불러 모으는 子時경

내 잔을 거푸 채우고 연신 몸을 더듬는 댁은 뉘신
지요

하얀 곰팡이

높은 데 올라 지하에 살던 나를 내려다본다
산 능선을 곧게 펴 수직으로 세운 선이
하늘이 되고 땅의 더듬이가 되고 창이 되어
내 등에 꽂혀 있다

구멍 뚫린 등에서
부패한 심장과 점점 돌이 되어가는 눈알이 첨탑을 이루고
대기가 푸른 이끼들을 키워
초록색 비와 황금개구리들이 무지개 아치 아래 가꾼 숲

내가 죽인 벌레의 시체들이 지진을 일으켰구나
내가 벗어젖힌 옷들이

틈새 난 지평선을 기우고
그 너머엔 지구의 축을 곧추세운 바다가 병풍처럼 출렁인다

지하에선 말들이 자꾸 내장을 갉아 먹었다
나는 땅의 무명이었고
무명은 빛의 숨겨진 안경이었다
검은 눈을 문지르면 손금마저 하늘의 음화지도였다

눈물을 말려 긁어낸 소금으로 시를 썼다
상처에 상처를 덧댄 피부의 그림들로 얼룩진 거울들
거기 늘 높은 곳의 그늘이 빛났다
검은 유리의 입자들로 눈빛을 찌르는 하늘의 그림자

거미들이 짜놓은 천계天戒의 감춰진 얼개
가는 실에 실려 몸보다 높은 곳에서 추낭錐囊처럼 덜그럭거리던 뇌수
지붕대는 어둠의 뼈들
지하에서 올려다본 높은 곳은 거미의 눈으로 찍어낸 하늘의 암막暗幕이었다

더 잘 보려면 더 내려가야 했다

암막 뒤의 영상들은 꿈에게 자리를 뺏긴 뼈다귀들의 무너진 골조였다

더 잘 내려가려면 땅과 하늘의 경계를 벽으로 세워야 했다

다 썩고 문드러진 눈 귀가 하얀 곰팡이로 피어난 거울 표면에 버섯으로 자라야 했다

수장된 미래

당신이 그린 그림 속으로 들어가자
내가 이제 당신의 그림이 되었다
그림 속에서 바라본 당신이
다시 붓을 들어 나를 그린다
나도 붓을 들어 그림 바깥의 당신을 그린다
당신에겐 내가 보이지만,
내겐 당신이 보이지 않고
내겐 당신이 그림자이지만,
내가 당신 되면 내가 보일 것이니
우리에겐 서로가 서로의 꿈일 것
당신의 오른손과
나의 왼손 사이에
보이지 않는 다리가 놓였다

당신이 붓을 움직일 때
다리는 더 높아지고
내가 붓을 움직일 때
다리는 더 넓어져
우리는 보이는 것과 보이지 않는 것 사이의
무지개를
각자의 색으로 뒤집어 보는 것이었다
당신의 곡선과 빛을 내가 그리자
내 그림자와 차마 말하지 못한 말들이
당신의 색깔이 되었고
나는 당신의 벌거벗은 몸이 되었다
당신이 나를 여자로 그리자
나는 당신의 남자를 유혹하는 커다란 자궁이 되었고
내가 당신의 눈물을 점으로 찍자
당신의 캔버스에 무쇠 같은 첨탑이 하늘을 찔렀다
당신의 빗물이 내 편으로 건너와 눈으로 흩날렸다
당신과 나 사이의 무지개가
각각의 색으로 갈라져
서로의 마음을 거짓 수놓는 굴레가 되었다
나는 당신의 날개를 그렸고

당신은 나의 항문에 꽃을 그렸다

엉덩이를 매만지며 나는,

겨드랑이를 쓰다듬으며 당신은,

우리는 무너진 무지개의 밑그림 아래에서

서로의 발로 서로의 살을 희롱했다

죽음 앞에서 자신의 심장을 보여 달라고 호통쳤다는

한 여성을 떠올렸고

죽고 난 뒤 다시 태어나 자신의 몸을 만져보라던

한 남성을 그녀에게 보여줬다

당신의 곡선이 나의 직선이 되고

당신의 원이 내 안에서 펑퍼짐하게 꺼져갔다

곤두서 있던 당신과 나 사이의 수직이

지구 밑바닥까지 소용돌이치는

궁극의 파형으로 뒤엉켜

서로의 성性을 바꾸었다

남자가 된 여자와

여자가 된 남자가

무지개의 골격을 그대로 부조浮彫해 숨을 불어넣은

궁극의 고래가 되었다

등줄기에서 터져 나온 물감 속에서 우린

비로소 하나가 되었다
비로소 아무것도 아닌 것이 되고
비로소 모든 것의 원소가 되었다
고래가 삼켜버린 바다 밑바닥,
정액과 우유를 섞은 흰 빛의 입자들이
당신과 나의 유골을
진흙 속 미라로 새겨 놓았다
물고기들이 그 표면을 뜯어먹어
우린 곧 다시 태어날 것이다
서로의 살에 둥글게 머리를 박은
세상 모든 시간의 밭,
그 땅을 파헤치는 원형의 뱀으로

말들의 말
제주 시편

암갈색 말들이 풀을 뜯고 있다
누군가 하고 싶었던 말들을 대신 읊조리는 듯
말들이 침 흘리는 소리가
오랜 적막에 부드러운 상처를 긋는다
땅속에 묻힌 뼈들을 핥아
햇빛이 짐짓
은빛 돌처럼 멎는다
빛의 기둥이 말들의 잔등에 올라타
먼 시절의 전장 속으로 달려간다
해가 이끌어온 과거가
풀빛을 노랗게 적시고
말들은 목덜미를 한 번 휘젓는 것으로
채 뱉어내진 못한 죽은 자의 말들을

다시 땅에 심는다
그것을 뜯어 먹는 말들의 사명은
꼭 해야 할 말을 입속에 감춘 채 죽은 듯 살아왔을
사람의 입을 열게 하는 것
수십 년 불에 그슬린 돌을 삼켜
영혼의 틀니를 살아 있는 해골인 양 악물고 살아온
이들,
숨죽인 말들이 말의 잔등 위
빗겨 내린 햇빛의 수액으로
후세의 주둥이에 젖처럼 물릴 때,
말들이 또 한 번 목덜미를 휘젓는다
햇빛이 갈기를 휘어잡았다 놓는다
달려라,
말들
터져라,
죽었던 말들
매만져라,
이제야 나의 것이 되고 당신 것이 된
사람의 근육질을

말들이 풀을 뜯는다
순환하는 풀의 기억을 제 피로 우려
침묵하는 대지의 거름을 튼튼하게 냄새피우는 것이다

돌의 눈
제주 시편

불덩이가 훑고 간 곳에

여전히 눈뜨고 있는 검은 돌들

돌의 구멍 속으로 들어가면 바다가 더 깊어진다

구멍이란

그 속에 눈을 담아

그 안의 눈으로 바깥을 다시 살피라는 뜻

돌 속에 담긴 바닷속에서

땅의 기원을 다른 눈으로 색칠하라는 뜻

바람은 돌을

깎아내기도

조형하기도 하나,

때론 돌 속에 사무쳐

수백 개의 눈으로

오래전 죽은 이들의 눈을 깨워

세상 공기를 거무튀튀하게 등사謄寫해내기도 한다

돌의 눈에서 비쳐 나오는 한 시절의 형해는

바람의 입장에선 늘 현재다

죽은 자의 그림자들이 돌의 눈에서 피어오른다

당신의 어머니와

어머니의 아들과

그 아들의 딸들이 한 무더기 돌의 무덤 속에서

수장된 하늘에 빛을 쏟아 붓는다

불로 지워진 한 마을에

아직도 끓고 있는 용암의 분진들

주검으로 단단해진 돌의 눈들

길가에 핀 꽃들은

죽음에 그을린 검은 물을 먹고 자랐다

만발한 돌의 구멍들 속에

삶도 죽음도 한 솥에 데워 하늘빛을 바꿀

피와 눈물의 용암들이 눈 뜨고 있다

파도의 율동이 죽은 자의 날개가 되도록

산자의 울분이 죽은 자의 눈으로

하늘의 축을 다시 세우도록

돌의 날개

그가 첫 발짝을 뗘었을 때
움직임보다 소리 없는 진동이 더 컸다
진동의 파장보다
본체 없는 그림자의 너비가 더 넓었다

_루돌프 누레예프의 춤을 보다가 나는 이렇게 썼다

공중에서 떨어진 빛이
그림자로 펼쳐진 둥근 우물을 만들었다

몸의 빛으로 더 깊어진 우물 속에서
자신을 말한다는 건
금빛 그물 속에 가려진 어둠에

모양을 내는 일

그 어둠을 도려내
뜻을 지운 말들의 성채를 쌓고 무너뜨리는 일

궁극의 천리안으로
스스로 보고 들은 걸
스스로 보고 듣지 못한 형태로 바꿔
춤을 추는 것
공기 사이로 날아다니며
천둥을 견디는 돌이 되는 것

돌을 바라보면
수시로 변하는 돌의 형태보다
돌의 무게를 먼저 느꼈다

돌 속에 숨은
돌보다 더 우람한 새의 몸짓을 느꼈다

돌을 깨뜨려 스스로 가둬버린 새를 날려 보내리

스스로 새의 그림자 되어 천둥의 이마를 튕기리

깃털들이 돌을 실어 나르는 하늘

돌 속에서 깨어난 익룡이
날개 속에 갇힌 용암을 퍼마시고 있다

인화印畵한 지동설

사진 속에 엎드려 있던 개가 코앞으로 걸어 나와
내 입을 물었다
자전하던 시간의 한가운데 구멍이 났다

구멍 속에 엎드린 개는 짖어도 소리 나지 않는다

개가 사라진 사진 속
나무와 벤치가 사람의 말을 지껄인다

알아들을 수 없다

한 여자가 프레임 바깥에서 걸어와 벤치에 앉는다
미소는 붉고

눈 속엔 광년을 모아 불태우는
검은 소각장이 있다

벙어리가 된 나는 시간이 불타는 소릴 듣는다
여자를 만나러 사진 속으로 들어간다

나란히 앉은 여자가 순식간에 늙는다
늙는 만큼 광대해져
내 몸을 손아귀에 움켜쥔다

사진 속에서
사진 바깥을 바라본다

개의 뒤 풍경이 절벽처럼 사라진다

이편을 바라보던 개가 여자의 눈을 핥다가
종잇장이 돼버린 여자의 몸을 뜯어 먹는다

마지막으로 개가 물고 있던 건

나를 움켜진 여자의 손이었다

불을 껴안은 여인

하반신이 차가워지면 무서운 이야기들이 생겨납니다
악마도 천사도 제가 만들었지만
정작 저는 저 자신이 누구인지 모릅니다
남자의 옷, 남자의 탈을 뒤집어썼으나
그 무엇을 사랑하려 할 때마다
상반신만 허공에 떠 보이지 않는 낮별을 찾아 떠돕디다
등이 뜨겁군요
머리에 들러붙은 불을 허리 아래로 내려
지상의 음험한 비밀들을 뿌리내리려 하고
들려줘선 안 될 이야기들을 꽃피우려 하는
얼어붙은 하반신을 불태워주세요
썩은 잉걸처럼 흘러내린 머리털을 벗겨
빛나는 태양과 같은 비율의 원구를 되살려주세요

오래전 바닷속에서 활개 치던 유선형의 다리들이
불더미 속에서 다시 춤추게 하고 싶습니다
몸과 정신이 오로지 한 덩이인
우주의 유충으로 다시 태어나고 싶습니다
화석이 되어서라도 명징한 과거의 징표로 오래도록
죽어 있고 싶습니다
하반신이 모두 타면
허리 위로는 저절로 불이 되어
태양의 흑점 속에 빨려 들어갈 겁니다
하나의 넋이 살다 갔다는 오래전 소식은
이곳과는 전혀 다른 어느 태초의 밀림 속에
암갈색 양치식물로나 변성할 것인즉,
모두 불태워주세요
살아 있었다는 흔적은 그저,
태양이 꺼질 때까지 불타고 있었다는 믿지 못할 소문으
로나 떠돌게 놔두세요
하반신이 차가우면 무서운 이야기들이 다시 생겨납니다
몸의 빙하기를 적도의 끈으로 결박해 오래오래 불태워
주세요

모델수업

*

나를 바라보는 당신의 눈 속에서
지난밤 꿈을 본다
돼지와 박쥐가 함께 서성대는 목조 건물은
짓다가 말았거나 무너지다 만 형국이었다
당신 눈 속에서 그 풍경은
에메랄드 빛 광선으로 절멸하고 있다

*

나를 그리고 있는 당신의 손끝엔

담비 털로 만든 붓이 떨고 있다
다른 손엔 여러 색채를 한데 짓눌러 시간의 살점으로 뭉개버린
팔레트가 들려 있고
당신의 입은 혼잣말을 연신 중얼거린다
북향 창으로 스민 빛이 쪼개지는 소리 같다
내 입가의 잔주름들이 당신에겐 빛의 거품처럼 보이나 보다

*

캔버스 건너 하얀 면에 누가 들어서고 있는지
나는 모른다
당신은 알고 있을까
당신은 내 얼굴을 조목조목 뜯어보며 춤추듯 움직일 뿐,
나는 좀체 숨쉬기가 힘들다
고사 상에 오를 돼지머리라도 되려고 간밤 꿈이 그리 질척거렸던 걸까

박쥐가 훑고 간 목덜미를 당신은 자꾸만 이리저리 훑어보며 쿵쿵거린다
 신의 사냥개의 먹이라도 된 기분,
 캔버스 너머 벽면이 목숨 걸고 올라야 할 암벽처럼 죄어온다

 *

 얼마나 오랫동안 앉아 있었을까
 시간이 가없는 수평으로 늘어져 팔레트 위 물감들이 색색의 구름으로 부푼다
 그 더께 진 살점들을 붓으로 떠내어 당신은 서쪽을 향한 나를
 동향의 공백 위로 옮겨 놓는다
 그림자를 떼어 창을 가린 듯 사위가 급격히 어두워진다
 핀 조명 받은 광대처럼 당신은 온몸으로 팔레트가 되어
 당신만의 빛기둥 안에서 너덜너덜 춤춘다

*

전 생애의 절반이 한나절 만에 떼어져나갔다

이제 움직일 수 있고 볼 수 있고 말할 수 있다

당신은 캔버스를 마주 보며 벽면 쪽으로 물러서고

나는 당신 앞에서 당신이 덧칠해놓은 내 살점들의 파동을 본다

어디 먼 데를 홀로 다녀왔다가 한참 만에 마주한 거울 속 같기도

죽기 전에야 시야에 떠오르는 전 생애의 일그러진 잔상 같기도 하다

쌍욕과 순정마저 한 몸으로 으깨져

처음 보는 색조를 낳았다

얼굴을 더 가까이 대어본다

돼지똥 냄새와 박쥐울음 소리가 넓적한 평면에 깊디깊은 동굴의 공명으로 몸속을 파고든다

*

당신에게 말 걸려 고개를 돌린다
배후엔 누더기를 걸친 해골이 음화처럼 너울거릴 뿐,
당신은 없다
전 생애를 삼킨 벽면만 짓다가 말았거나 무너지다 만
형국이다
그림에 손을 대어본다
오래전 아팠던 상처가 물컹물컹 손끝에 묻어난다
나는 나를 죽인 자를 죽인 자가 되어 있었다

마담鷹譚 백수부 씨의 시네마토그래프

그가 말할 때
그는 검은 영사막 뒤에 있다
빛을 쏘아도 그림자가 보이지 않는다

영사막 위론 그가 생각하는 바가,
그가 생각하지 않는 모양으로 흐른다

생각하지 않은 모양들이
서로를 읽어
누군가 생각할지도 모를 것으로 투사해내는 게
백수부 씨의 일

그의 흰 머리칼은

얼굴과는 반대 방향으로 자란다

얼굴 자라는 방향이란

얼굴이 스스로를 가리키지 않는 방향

<u>스스로</u>의 말이

하얀 분말로 흩어져

어두운 영사막에

그 아닌 형체들을

그의 형제들인 양 살아나게 하는,

검은 시선의 소실점

백수부 씨의 흰 머리칼은

영사막의 씨줄들로 이루어져 있다

씨줄들이 한 올 한 올 시간 속에 풀려 나올 때

백수부 씨는 뇌를 열어

 날줄 조직들이 흐늘흐늘 꿰어놓은 시간 바깥의 형태들을 꺼낸다

눈알에서
콧구멍에서
양쪽 귀에서
그리고 입에서
걸어 나오는 지네 떼
뇌수를 다 파먹고
얼기설기 엉킨 흰 머리들로
모든 말을
세상 처음의 소리로 음독音讀하는 백수부 씨

들리지 않는다
혈류의 파동 같은 음계만 영사막에 출렁댄다
보이지 않는다
처음 보는 나무의 계통수 같은
실선들의 우주가
백수부 씨 머리 위에

하얗게 풍성하다

지구를 똘똘 감아

상모 돌리듯 모가지를 비튼다

줄줄 흘러내리는 머리칼들
영사막이 찢긴다

바다 위에 꼭대기만 겨우 솟은 히말라야 만년설

신의 낚싯대가 부러진 것이다

향기는 섬의 뿌리에서

제주 시편

거대한 산 능선보다 나비가 더 커보였다

나비들은 빛의 허물로 드러난
꽃의 해골 속에 알을 낳고
죽은 사람의 뼈를 뚫어 저승의 빗장을 연다
만방으로 퍼진 오늘의 이 향기는
수많은 죽음의 끝없는 넋두리
망각과 무지의 웃음
망각조차 망각하려,
알고 있으나 굳이 깨우치지 않으려,
마음 깊이 키질하는 파도 소리

나비들이 보이지 않는 해골들을 꽃의 심부에 심는다

그렇게 새로운 봄이,
피칠갑 한 시간의 켜들이,
섬 중앙에서 울긋불긋 둥글게 춤춘다

살기 위해 숨어들었던 동굴 속 어둠이 이제
길고 긴 죽음의 빛으로 섬 곳곳
구멍 난 돌멩이들 속에 꽃이 자라게 한다

둥그런 산의 능선이
하늘의 천장으로 펼쳐진
나비의 날개 아래서 죽은 불길이라도 데우려는 듯
별안간 뜨겁게 비가 쏟아진다
기어이 목청 터뜨린 죽음들의 기나긴 수로가
초봄의 큰 파도에 닿아
동굴 속에 숨어 있던 아이의 노년을 짙푸른 물이끼로 감쌀 때,
죽은 자는 끝없이 섬의 다른 이름이고
영원을 향해 일어서는 섬의 깊숙한 뿌리로 뻗는다

왠지 맨발로 바다를 걸어

섬에 도달한 것만 같다
보이지 않는 나비의 발자국들을
수평선 끝 무지개로 붙들어
죽은 자들의 어깨가 이미 더 큰 육지를
떠받들고 서 있었던 까닭일 게다

오름 극장 1
제주 시편

오래전 누가 찍었다 버린 필름처럼
장면마다 구멍 숭숭 뚫려 있는 영화 같은 하루

더 잘 기억나는 건
영화보다 검은 구멍 뒤에 숨은 옛적의 촬영기사
카메라도 없이 심장 속에 직사直射한 영상들의 출처

누가 영사막 뒤에 칼을 들고 있었나
찢긴 빛의 장막

그 어떤 시간의 막도 투과하지 못할
그 어떤 감각의 탐침도 온전히 맞닿지 못할

조각난 필름들이 돌무더기로 널려진 둘레길

다 돌아도 끝나지 않고
다시 돌아도 시작되지 않는
기나긴 영화의 속편

누가 태양 뒤에
물 깊은 곳의 피톨들을 숨겨두었나

속살 꿰뚫는 볕이 검붉게 축축하다

다 보고 나서야 비로소 시작되는 영화
햇빛 반사광 안에서 저승으로 송출되는 현재

오름 속의 소름

오름 극장 2
제주 시편

햇빛의 때가 모여
한때의 떼죽음과
한때의 망각들을
물빛 위에 불빛으로 튀겨대는 오후

주인공은 오로지 죽은 자들뿐,

살아 카메라를 들이대는 사람들 사위에
더 큰 렌즈의 흑점에서 불타오르는 시체들

죽은 화산 속
죽음을 통과한 함성들

고요하다

빛의 사면을 그림자로 기어오르며
말굽 쇠 모양 흐름 속에 갇혀 바다를 관망하는 방주 교회

악마의 눈으로
천사의 입을 여는
오름들

쪼개진 빛의 피톨들로 영원히 붉게 흐를 오후
태양의 시점에서 한 점 죽음으로 인화될 하루의 기억

그 안에서 무한 재생될 죽음의 기도
숨은 불 속에서 울리는 해골들의 합창

낱장으로 벽에 걸릴 이 시간이 영원한 현재가 아니라면
더 말하지 않으리

사람들을 돌고 돌리며

다시 하나의 지점에서 삶의 시종始終을 뒤섞는

영원불멸의 재생터

순회하는 오름 극장

진짜로

토마스 베른하르트에게

1

진짜로 철학자가 되고 싶었습니다
개똥이든 개뿔이든 싸느냐 다느냐의 문제였겠지만,
철학을 쇠를 먹는 일이라 여겼을 뿐입니다
내가 선택한 건 아니었습니다

어느 날 집 앞 나무가 내게 물었습니다
질문이란 단어의 뜻을 문득 알게 되는 듯했습니다
물어뜯는 것이거나 캐내는 것이거나 파고들어 가는 것이거나,
 그것들을 포괄한 언행의 요약체라 여겼습니다만,

물어뜯으나 캐내나 파고드나 결국 제 몸의 일이었습
니다
몸이 아프니 몸을 사랑하게 되는 게
진짜로 건강이라 여겼습니다

아파야
아프면
먼 데가 보였습니다

백 년 전 전쟁을 원망했습니다
백 년 전 살아 전쟁을 겪지 못한 걸 원망했습니다
백 년 전 죽은 자들이
그립다며,
소름 돋는다며,
내 발목을 붙잡았습니다

백 년 넘도록 모어母語도 모르고
백 년 넘도록 모호해하는 게 본분인 양 굴면서
제 앞의 큰 나무 이름도 못 짓는 땅에서
살아보지 않은 백 년이 만 년이었더랬습니다

나무들이 그들 얼굴이었습니다
내가 본 거라고 생각했는데(이 유구한 인류의 착각!)
나무가 나를 먼저 보고 나무랐던 게지요

싸우고 싶었습니다
대상 없이,
적의 없이,
너나 할 것 없이,
싸우며 사랑하고 싶었습니다
싸움과 사랑이 한몸이라는 걸 저주했으나
저주가 저를 거부했습니다

울고 있으나
울음이 볼 수 없는 먼 친척이었고,
웃고 있으나
웃음이 나를 해 아래 피 말리게 하는,
나의 똥이었습니다

그리고
그래도

그래서
지금도 웃습니다

그것 말고 사명 없습니다

2

예수를 술상 앞에 모셔놓고 웁니다
울고 있으나
울음의 인과는 그의 몫도 탓도 아닙니다
내가 불렀으나 불려 온 그가
내게 뭐라 답할 것도 아닙니다
답 없이,
답을 듣고자 하는 이들을 위해,
그들 때문에 죄인 된 자가
누구를 구원하겠습니까

다시 살아나는 것조차 흠결된 자가
사람의 말을 어떻게 이해하겠습니까

그의 숨결은 이렇게 들립니다

왜 이해해야 합니까
그렇지만 이해해야 합니다

그의 따귀를 올려붙였습니다
오른 왼의 법칙을 그대로 실천한 거죠
내가 그의 오른인지
그가 나의 오른인지
오른 자체가 오른인지 왼인지
왜 오른이고 왜 왼인지
오른이 진짜로 옳은 것인지
왼이 진짜로 웬수인 것인지
왜 그런 게 문제인지
모든 건 문제 삼으니 문제입니다
거울 속엔 거울 스스로를 속이는,
거울투성이입니다

3

진짜로 철학자가 되고 싶었습니다
쩐따가 될지언정 진짜가 되고 싶었습니다
거울의 진짜 얼굴을 보고 싶었습니다
진짜
진짜
진짜
중얼거렸습니다
그 행간에 나는 없었습니다
원래 없었던 걸 그제야 알았으니
나는 진짜로 쩐따였지요

진짜로 살아 있고 싶었습니다
살아 있으면서 살아 있길 바라는 게
진짜로 쩐따 짓이라는 걸 알면서도
그래야 하기에,
그래야 살 것 같기에,
그러거나 말거나 살았습니다

마주치는 모든 이에게 절하고 싶은 심정도 느꼈거늘,
절할 바에 절구(節臼)에나 들지 하는 생각이 들어 또 웃었습니다

웃으니까 죄지은 것 같더군요

웃음이 죄인지
웃게 만든 게 누구에게 죄 되는 건지
거울은 대답하지 않습니다
거울을 정권正拳 쥐고 후려 깠습니다

진짜로 피가 나더군요
죄지으니 진짜로 살아 있는 것 같더군요(이 유구한 개인의 착시!)

돌고래와 상어와 광어와 쏠배감팽과 우뭇가사리까지 따라 웃는 것 같아
온 세상이 웃음으로 충만해지는 것 같아
화가 났습니다

화가 난 것도 우스워 그림을 그렸습니다
내 얼굴을 그렸는데,
백 년 전 누구 같고
네 얼굴을 그렸는데,
같이 죽고 싶은 누구 얼굴이었습니다
죽기도 힘들 것 같아 죽음도 포기했는데,
죽음이 늘 내 곁에 오니,
죽음을 죽이고 계속 살고 싶어 계속 살았더니,
죽음이 자기도 살려 달라기에
넌 왜 이름값도 못하니 핀잔줬더니
원래 자기 이름은 없었다더군요

이름을 말하는 순간,
말한 자가 죽게 되니
그게 자기 이름이라고도 했습니다

사랑스러웠습니다
그 모순과 당착
그 순진과 교활
모든 것이 모든 산 자의 이름이었습니다

그래서 또 아구창을 후렸죠
죽음은 깔깔 웃는데
후린 내 주먹이 돌연 세상의 모든 상처 같아
나도 깔깔 웃었습니다
진짜로 철학자가 되고 싶었으니 진짜로 아팠습니다

세상 모든 아픔이 내 주먹 탓인 듯,
께름칙해 더 웃었습니다
그 웃음이 나를 진짜와 멀게 하고 진짜로 살아 있게
했습니다

4

내가 우스워 남을 웃겼더니
내가 진짜로 우스워지고,
내가 슬퍼 나를 웃겼더니
남이 흐느껴 진짜로 내 뺨도 치고 뒤통수도 후리더군요

가면이 진짜로 내 살만큼 아팠습니다

남과 나무가 소리상 근사한 어원이라는 게 또,
진짜로 우습고 슬펐습니다

그리고 그래도 웃었습니다

그리고 그래서 또 웁니다
왜 운다고 할까요
왜 울어야 할까요,
라고 사람들은 진짜인 양 따집니다

답 줄 수 없습니다

내가 당신을 죽이고 싶어도 못 죽이는 이유 또한 그러합니다

5

잘 살아들 계십시오

진짜로 당신을 내가 죽일 때까지
진짜로 울리고 웃겨
그 웃음과 울음이 진짜로 가짜임을,
그 죽임이 결국 모든 것을 살림임을,
죽음 스스로
진짜로 죽음임을 깨달을 때까지

저는 벌써 오백 살입니다
진짜로 태어나기 전까지

저는 아직 지구의 오억 년 전입니다

 오만 살짜리 아이 하나만 낳고
오십억 년 동안 진짜로 죽어 있겠습니다

AU REVOIR

어부바 나의 진짜로 새끼

맹盲

아무도 이런 세계를 노래하지 않았었다

나는 밤의 귀를 깨물고
달빛의 타액을 빨아 마셔 소리를 낸다

아무도 이런 세계를 노래하지 않았었다는 거짓말
지구가 처음 진심을 읊고 앓다

나무들 그림자 속에 가둔
새들의 부리를 귀에 꽂은 채
허공 별자리가 몸 안에 이미 펼쳐 있었다

빛은 죽음의 장벽

종생토록 뿌리 못 내린 소리의 껍질

누구의 눈을 훔쳤기에
가질 수 있는 어둠인가
누구의 말을 들었기에
막혀버린 울대가 춤추는가

울음을 쪼개 피어올린 미소
조각난 달빛의 포말
우수수 쏟아지는 내 목소리의 비늘들이
천 년 동안의 쇠를 녹인다
땅이 범람한다
춥다
광활한 더위와
오한이 겹쳐
나는 지금 온몸으로 물
섬 한 톨 찾을 수 없는 바다

둥실 떠오른 햇빛을 잡아당기리
소리의 능선이 태양의 목젖을 물어뜯으리

마른하늘의 뇌우는 온통 핏빛
나는 기어이 나를 삼킨 것이다
지구가 손톱 안에 고여
다시 죽을 때까지 깨물며 운다

나는 내 소리의 그림자
소리는 우주의 정겨운 흠집

그리고 나는 눈먼 자가 되었다

그리고 나는 눈먼 자가 되었다

걸을 땐,
다리여 사라져라

네가 내 이름이 되지 않도록
땅이 너를 탓하지 않도록

시인의 말

길

 길은 내 안에 있다. 적어도 내가 움직이지 않으면 세상의 모든 길이 존재하지도 작동하지도 않으니까. 길은 내 안에 있는 나의 바깥이다. 내가 움직이기 시작하면 문밖에 펼쳐져 있던 길들이 나를 수렴하고 세상을 수렴하면서 사방으로 뻗치기 시작하는 것이니까. 길은 '나'의 몸이자 '너'의 눈이다. 이것은 비교적 상식적인 이야기고, 매우 추상적인 원론에 불과하다. 그럼에도 나는 뜬금없이 이런 '추상적인 상식'을 스스로에게 되뇐다. 관건은 길이라는, 물리적이기도 정신적이기도, 사물이기도 사건이기도 한 단어에 있는 게 아니다. 나는 다만, 움직임에 대해 말하고 싶어 한다. 어떤 움직임. 눈이나 손, 코나 귀, 팔이나 다리, 나아가 심장과 폐, 간과 쓸개, 그리고 그 모든 걸 포함한 '마음'이라는 추상명사까지. 나에게 속해 있는 물질이면서 자주 나의 통제를 벗어나거나 거역하여 작동하는 몸의 모든 체계에 대해서. 그러다가 어느 순간 나 자신의 전반적인 가다듬음과 배려에 의해 '나' 이상의 것으로 체현될 수도 있는 미지의 가능성에 대해서.

마음

'마음'은 사실, 존재하지 않는다. 그럼에도 '마음'이라는 단어는 종종 남용된다. 누구에게 무언가 자신의 뜻과 감정을 전달하기 위해서. 자신의 욕망과 희망, 좌절이나 실패와 관련한 사실들을 단지 물리적 경험치 이상의 것으로 승화하기 위해서. '나'를 '너'에게 설명하거나 설득하기 위해서. '너'를 '나'로 만들기 위해서. 그렇게 모두에게 '나'를 증명하기 위해서. 그러나 '나'가, 그리고 '나의 마음'이 그 어떤 분명하고 확정적인 대상으로 '너'에게 온전하게 각인되는 건 불가능하다. 이 말이 너무 단정적이거나 비관적인가. 또는 비관적 단정인가. 딱히 그렇지만은 않을 것이다. 나는 '마음'이라 운위되는 여러 인간적 상황들이 가지고 있는, 지나치게 임의적이고 공허한 교류를 잘 믿지 않는다. 정말 믿지 않아서가 아니라, 그렇게 공유되는 표정이나 손짓, 눈짓 등의 순수성 여부를 고의로 의심해보는 것이다. 왜냐하면, 어떤 말이나 태도에서 가장 사람을 민감하게 반응케 하는 건 거기 담긴 뜻이라기보다 그것이 표현되고 자극되는 물리적 양상이라 생각하기 때문이다. '나'는 '너'의 말을 곧이곧대로 듣지 못한다. 적어도, '너'가 내게 쏘아준 눈빛이 '나'를 일깨우고 진하게 만져주지 않았다면.

눈빛

나는 자주 눈빛 사이를 거닌다. 나를 보거나 외면하거나 보지 못하는 수많은 눈빛들. 내가 보거나 놓치거나 두려워하는 여러 다른 눈빛, 몸의 관제탑들. 세상은 무수한 눈빛들이 조장해낸 보이지 않는 실선의 체계와도 같다. 이리 엉키고 저리 꼬인, 이리 뭉치고 저리 흩어진,

이리 뻗치고 저리 끊겨버린 눈빛들의 난반사. 정격화하면 이내 또 다른 형식과 틀을 그려냈다가 또 역시 뚫린 그물 속 물고기처럼 빠져나가는 눈빛들. 그 안에서 '나'를 정확히 보고, 내가 정확히 보는 일이란 결국 세상을 한순간 정확히 포착해내는 일이나 마찬가지다. '너'를 제대로 보지 않으면 세상이 보이지 않는다. 세상을 정확히 본다는 건 '나'를 '너'에게 제대로 보여준다는 뜻이다. '너'의 몸짓과 표정을 통해 '나'를 내게 온전하게 드러낸다는 것이다. 그러니까 이건 '너'라는 무대에서 실연되는 '나'의 궁극들을 내가 보고 그것을 통해 세상의 일면, 드러나지 않으나 늘 형성되고 파기되는 삶의 근원적 형태를 일순간 체험하게 되는 일이다. 한 번 마주친 눈빛은 그러므로 영원하다. 눈에서 지워지고 마음이란 가설 무대가 단 한 번의 공연으로 막을 내렸다 하더라도 그 파장과 여운은 끊임없이 재생되고 환기된다. 그 안에서 나는 '나'의 목소리를 듣는다. 시간의 콘센트에서 출력된 심연의 목소리를.

목소리

목소리는 목에서 나는 소리만이 아니다. 목은 다만, 영혼의 울림을 통과시켜 세상 속으로 메아리치게 만드는 자그마한 통로에 지나지 않는다. 목소리는 발가락에서부터 시작되어 급소와 명치를 거쳐 뇌의 섬세한 피질과 수질을 꿰뚫어 몸 전체를 반향케 한다. 말을 한다는 건 고로 내 몸이 온전히 '나' 자신으로 진동하고 있다는 본래적인 자각을 '너'에게까지 울리게 하는 일이다. 목은 그러니까 일종의 팔레트와도 같다. '나'의 본래적 형태를, 소리로써 발현되는 '나'의 궁극적 사태를, '너'의 눈앞에 나만의 색으로 페인팅해 드러내는 영혼의 분칠. 목소리는 귀로만 듣는 게 아니고, '너'라는 몸 전체가 '너'라는 조직 자체로써 전면적으로 반응할 때라야 비로소 감지되는 세계의 축도縮圖이자 파동이다. 소위 감정이라는 건 소리로 울릴 때 더 정확하다. 말로 표현할 수 없더라도, 말로 설명할 수 없기 때문에, 그것은 더 급박하게 몸의 각 부위들을 울리게 한다. 그것을 제대로 전달하기 위해선 '나' 스스로 '나'라는 껍질을 벗어 소리치고 울고, 웃고 자지러져야 한다. '너'라는 형식을 내동댕이치고 '너'에게서 반동된 메아리를 진짜 몸 삼아야 한다. 그럴 수 있을 때 '나'는, 그리고 '너'는, 그 어떤 사람과도 똑같지 않은 너만의 몸짓을 완성할 수 있게 된다.

몸짓

움직임은 산발적이고 국부적이면서도, 전면적이어야 한다. 팔이, 손이, 눈이 그것만으로 움직일 때 '나'는 허깨비가 되거나 불구자가 된다. 궁극적으로는 걸음걸이만으로도 눈빛이 크게 울릴 수 있게 되어야 한다. 그러기 위해선 마치 조립식 인형처럼 몸의 각 부위들을 따로 놀게 하는 동시에, 그 따로놀음 자체가 특정한 감정을 전체적으로 드러내는 행동의 총화가 되어야 한다. 몸이 발산하는 자력磁力의 핵심은 무시로 옮겨 다닌다. 아니, 옮겨 다님 자체가 몸의 핵심이 되어야 한다. 감정은 몸의 근육들을 움직여 몸 자체가 소리 나고 반동케 하는 일일 뿐, 특정한 심리적 정황의 패턴을 그대로 베껴쓰기 하는 것만으로 완전하게 단련되지 않는다. 울음을 울음 자체만으로 드러낼 때, 그것은 울음의 껍데기에 불과하다. 웃기기 위한 의도가 전면에 드리워질 땐, 아무도 웃길 수 없다. 그와 마찬가지로 '너'를 사로잡기 위해선 '나'를 토하는 게 아니라, 내가 아닌 '나'를, 나조차도 모르는 '나'를 몸의 부드러운 윤활을 통해 '나'로부터 방생해야 한다. 그것은 '나'를 놓아 '너'가 되고, '너'를 새겨 세상의 모든 이가 되는 일이다. 길은 그렇게 '나'의 것이 되어 흐르고 '너'를 향해 한없이 분산된다. 나는 지금 내가 기억하는 가장 맨 처음의 숨을 되새기려 애쓴다. 스스로 길이 되어 '너'를 향해 갈 수 있도록. 무수한 '너'들이 '나'라는 길을 짓밟고 되새겨 끝끝내 세상의 마지막 문이 될 수 있도록. 그것은 온전히 살아 있는 자만이 느낄 수 있는 유일한 죽음의 진심, 그리하여 우주의 뿌리이기 때문에.

어쨌거나 계속 춤출 일만 남았다.

感

눈먼 광대의 춤,
혹은 우주적 몸의 노래

김진수

풀을 춤춘다
아기 손바닥만 한 타원형의, 끝이 뾰족한
오래 잠들어 있던 우주의 비늘들이 펄럭인다
_「풀춤」

어쨌거나 계속 춤출 일만 남았다.
_「시인의 말」

"풀이 춤춘다"가 아니라, "풀을 춤춘다"이다! 풀을 춤추는 자는, 물론, 풀이 된 자일 테다. 그는(또는 풀은), 어느새, 풀이(또는 그가) 되어, 춤춘다. 그렇게 풀은, 풀이 된 자의 몸을 통해, 스스로를 춤춘다. 그러므로 이제 우리는 다시, 풀이 된 자의 춤을 통하여, 그저 "풀이 춤춘다"고 말해도 좋으리라. 그러니, "풀을 춤춘다"가 아니라, "풀이 춤춘다"이다! 놀라운 주객전도와 물아일체의 광경이다. 애초의 "풀이 춤춘다"라는 자동사문은, 그러나 주체와 대상의 분리를 전제한다. 풀은 춤추지만, 그 춤추는 풀을 바라보는 주체는 풀의 춤 바깥에 있어야 하기 때문이다. "풀을 춤춘다"는 타동사문은, 통사론적으로는 목적어를 필요로 하여 주체와 대상의 분리를 전제하는 듯이 보이지만, 그러나 그 문장의 의미론적 맥락에서 주체와 대상은 분리되지 않고 한 몸을 이룬다. 주체가 대상을 춤춘다! 그때 대상은 이미 주체다. 이 같은 사태는 통사론과 의미론의 분열과 모순을 넘어선 어떤 경계를 지시하고 있다. 주체와 대상을 구분하고, 또 주체와 행위를 분리하는 것은 어쩌면 오래된 인간의 못된 언어적 관습에 불과한 것인지도 모른다. 그 관습은, '나'와 '풀'의 구분을 없앤 저 경계에서 춤추는 자를 '미쳤다'고 말할 것이다. 그러니, 분명『그리고 나는 눈먼 자가 되었다』는 미친 광대가 추는 '춤의 시집'이라고 불리는 것이 마땅하다. 무엇보다도 먼저,『그리고 나는 눈먼 자가 되었다』는 풀로 상징되는(물론, 시집에는 물, 불, 바람, 돌 같은 다양한 원소들도 널려 있으며, 바람/빛을 가둔 돌/어둠과 돌/어둠 속에서 깨어난 바람/빛 같은 이미지들이 도처에서 발견된다) 대지(자연)의 '몸짓'과 우주적 '몸의 언어'로 구성된 시집이기 때문이다. 시인은 이미 이 '몸짓'을 두고, "그 것은 온전히 살아 있는 자만이 느낄 수 있는 유일한 죽음의 진심, 그리하여 우주의 뿌리"(「시인의 말」)라고 언명한 바 있다. 그리고 우리는 몸의 행위 혹은 몸짓이 몸의 언어(이 경우, 특히 리듬을 염두에 두고 있으므로 '노래'라 불러도 무방하다)를 질료로 삼아 시Poesie를 쓰는 일을 이미 '춤'이라는 언어로 명명하고 있는 터이다. 무릇 모든 몸짓이 그 무엇인가의 표현(드러남/드러냄)이긴 할 테지만, 그것이 또한 리듬을 갖지 않는 한 춤이라고 불리지는 않는다. 그러므로 춤이 그 무엇인가의 언어적 표현이고 또한 리듬을 갖추고 있다면, 그러한 몸짓 자체를 시라고 해야 하지 않을 이유는 어디에도 없어 보인다. 당연히, 음악이 그러한 것처럼 말이다. 그렇게 음악과 춤과 시는 하나의 뿌리를 갖는 세 가지들에 지나지 않는다. 신화적 사태를 빌려 말하자면, 그것들은 모두 '기억'의 여신 므네모시네Mnemosyne라는 한 어미의 자궁으로부터 나온 뮤즈Muses 자매들이다. 그리고 내가 아는 한, 오로지 춤과 음악과 시의 관능/아름다움에 헌신하고 있는 시인 강정은 이 뮤즈 여신들의 충실한 제사장쯤으로 보인다. 첫 시집 『처형극장』 이래 『들려주려니 말이라 했지만』

『키스』『활』『귀신』『백치의 산수』를 거쳐 이제 막 상자되는 『그리고 나는 눈먼 자가 되었다』는 '춤의 시집'으로 시인의 지극한 탐미와 관능이 도달한 하나의 우주적 풍경을 완성해내고 있다.

『그리고 나는 눈먼 자가 되었다』는 무엇보다도 저 자매들의 출생의 기원을 보고하는 시집으로 내게는 읽힌다. 보다 정확하게 말하자면, 시집은 이 아름다운 세 자매들의 공통된 출생의 비밀을 들여다보게 하는 비서秘書로 보인다는 것이다. 시집은, 더불어 이 관능적인 자매들이 구비한 아름다움의 비밀을 폭로한다. 이 보고서의 핵심 사항을 추려보자면 다음과 같은 세 가지 계기가 존재하는 듯하다. 첫째, 뮤즈들의 관능적 아름다움은 생기론적인 몸의 흐름으로부터 나온다는 것. 둘째, 이 몸의 유동적인 움직임은 삶과 죽음이라는 대지(자연)의 순환의 질서 자체라는 것. 셋째, 이러한 생명의 순환/갈아듦이 곧 우주적 리듬이라는 것. 결국 『그리고 나는 눈먼 자가 되었다』는 범우주적 생명의 질서가 몸의 리듬을 만들고, 이 몸의 리듬이야말로 춤과 음악과 시라는 예술의 아름다움의 뿌리가 된다는 사실을 보고하고 있는 셈이다. 그렇기에 이 아름다움은 또한 에로티즘과 죽음을 잇는 끈의 다른 이름이기도 할 것이다. 그러나 '그리고 나는 눈먼 자가 되었다'보다 결정적인 사안은 이 몸의 흐름으로서의 춤이 '눈멀고 귀먹은 미친 광대의 춤'이라는 사실이다. 눈멀고 귀먹은 자의 세상은 사실상 외계로부터 거의 차단되어 있을 것이다(그 세상은 촉감이나 운동감 등으로 이루어져 있을 테지만, 그렇기에 역설적으로 눈멀고 귀먹은 자는 외계와의 접촉을 위해서 훨씬 더 많은 몸짓이나 운동을 시도할 것이다. 그에게 세계는 몸짓과 운동으로 구성된 어떤 것일 테다). 그렇기에 그의 춤(음악, 시)은 외부 세계의 객관적인 표현(이 경우에는 모방이거나 재현이 되겠지만)일 수도, 또 그 외계로부터 자극된 주관적인 감정의 표현일 수도 없다. 그것이 감각이라는 수단에 의해 매개된 것인 한, 어쨌든 그러한 표현들은 언제나 '간접적'인 동시에 '상대적'일 뿐이다. 남는 것은, 눈멀고 귀먹은 이 미친 광대의 춤이 그 무엇인가의 '직접적'이며 '절대적'인 표현이 되는 길밖엔 없다. 그는, 자신의 직접적인 몸짓을 제외하고는, 어떠한 매개도 없이 세상을 곧바로 직면한다. 보다 정확히 말하자면, 이 광대의 몸짓은 감각이라는 외적outernal 감관에 의해 매개되지 않는 순수한 내적internal 본능과 욕망의 절대적 운동인 동시에, 대지(자연)과 우주의 직접적 운동이라는 사실이다. 이 광대는 "나는 내 소리의 그림자/ 소리는 우주의 정겨운 흠집// 그리고 나는 눈먼 자가 되었다"(「맹盲」)고 자신의 이력을 밝혀 놓았던 터이다. 이 광대의 춤이 우주적 몸의 노래가 되는 까닭이 거기에 있다. 이 광대는 일찍이 "눈물을 말려 긁어낸 소금으로 시를 썼다"(「하얀 곰팡이」)고 알려져 있는 자로서, 그의 염원은 오로지 다음과 같은 것이었다. "걸을 땐,/ 다리여 사라져라// 네가 내 이름이 되지 않도록/ 땅이 너를 탓하지 않도록"(「그리고 나는 눈먼 자가 되었다」).

시인은 "가만히 있어도 춤이 되는 사지"(「잠수한계치」)라고, 이 광대를 단적으로 표현한다. 눈멀고 귀먹은 미친 광대의 춤은 몸으로부터 저절로 솟아오른다. 시인은 또한 "나아가는 모든 길이 몸 안의 유적이나 진배없어/ 절로 노래를 흥얼거린다"(「그림자의 표본」)거나 "나는 내 몸이 스스로에게 하는 소리를 듣네"(「누드 입상」)라고 노래한다. 그리고 이 같은 사태는 시인에게 하나의 의문을 일으킨다. 그는 이제 "이것은 과연 누구의 귓속말이고/ 누구의 차진 입술일까"(「말의 살」)라고 자문한다. 광대의 몸/존재로부터 저절로/자연적으로 솟아오른 우주적 순환/생명의 리듬 외에 그것을 지칭할 수 있는 표현은 달리 없어 보인다. 바로 "자네 몸 안이 그들의 이동무대"(「망실공비 패턴」)인 것이다. 결국 이 광대의 춤은 우주적(그러니, 말 그대로 '보편적'이라는 뜻이겠다) 몸의 리듬, 즉 대지(자연)의 순환의 절대적 흐름 그 자체일 수밖에 없어야 한다. 그리하여 "모든 음악은 하늘의 발자국 소리"(「하늘과 음악」)가 된다. 눈멀고 귀먹은 미친 광대의 춤은 그렇게 절대적인 우주적 몸의 노래가 된다. 저 우주적 순환의 리듬 속에서 삶과 죽음은 서로를 넘나들며, 대지(자연)는 저 광대가 춤추는 관능과 에로티즘의 무대가 된다. 그러나 독자로서, 또한 평자로서 내가 정작 궁금했던 것은 이 광대가 왜 눈멀고 귀먹게 되었을까 하는 점이다. 왜 이 광대는 미친 춤이나 추는 자가 되었을까? 아마도 이 질문 속에 『그리고 나는 눈먼 자가 되었다』라는 '춤의 시집'의 비밀이 숨겨져 있을 듯하다. 시집의 제목은 아무런 조건이나 전제 없이 곧바로 '그리고…'로 시작된다. 내 의문은 이 접속 부사 '그리고'로 시작되는 앞의 사건에 있다. 왜 시집의 제목은 앞의 사건과의 관계에서 '그래서'나 '그러나', 혹은 '그런데' 같은 순접이나 역접 혹은 전환 관계가 아니라, 하필

이면 '그리고'라는 병렬 접속사로 시작되는가? 앞의 사태와 뒤의 사태가 서로 인과 관계(그것이 순접이든 역접이든 전환이든 어쨌든 그 관계들은 앞의 사태와의 관계 속에 존재한다) 속에 있는 여느 접속사들과는 달리, 제목의 문장은 '그리고' 앞의 사건과의 모든 인과 관계를 벗어나 있다. 말하자면 우리는 '그리고 나는 눈먼 자가 되었다'는 진술 앞의 생략된 문장(만약 생략된 무언가가 있다면 말이지만, 이 접속사는 그 자체로 앞의 사태를 전제하지 않고도 존재할 수 있다. 그 경우 이 어사는 엄밀히 말해서 접속사가 아니라 췌사나 간투사 혹은 감탄사로 읽혀야 하리라!)과 어떠한 인과적-논리적 관계도 추론할 수 없다. 말하자면 '그리고' 앞의 사태는 '창세기' 이전의 사건이 된다는 뜻이겠다. 그것은 전적으로 우리의 상상력만이 접근할 수 있는 일종의 '무無의 사건' 속에 던져져 있다. 그래서 나는 이 눈멀고 귀먹은 미친 광대의 춤이 어떠한 기원이나 결과도 갖지 않는 '순수한 무'로부터 솟아난 몸짓이라고밖에는 이해할 수 없게 된다. 이 비밀을 눈치챈 시인은 "귀먹는 게 세상이 지워버린 뭇 소리들을／ 최초의 울음(강조는 필자)인양 다시 채록하는 거라 여겨"(「최초의 이명」) 저 미친 광대가 추는 몸의 노래('최초의 울음')을 채록한 것이겠다. 그 노래는 그냥 우연에 맡겨진 세계의 운동이거나 대지(자연)의 순환, 혹은 우주의 섭리 같은 것일지도 모르겠다. 이 미친 광대의 춤이 곧 "영원불멸의 재생터"(「오름 극장 2」)이자, 혼돈Chaos인 동시에 우주Cosmos적 몸의 노래가 되는 까닭이다.

강정 시인이
펴낸 책

- 시집

『처형극장』, 문학과지성사, 1996.
『들려주려니 말이라 했지만』, 문학동네, 2006.
『키스』, 문학과지성사, 2008.
『활』, 문예중앙, 2011.
『귀신』, 문학동네, 2014.
『백치의 산수』, 민음사, 2016.

- 산문집

『루트와 코드』, 샘터사, 2004
『강정의 나쁜 취향』, 랜덤하우스코리아, 2006.
『콤마, 씨』, 문학동네, 2012.
『그저 울 수 있을 때 울고 싶을 뿐이다』, 다산책방, 2017.

그리고 나는 눈먼 자가 되었다
강정 시집

발행일	2019년 8월 13일
발행인	이인성
발행처	사단법인 문학실험실
등록일	2015년 5월 14일
등록번호	제300-2015-85호

주소	서울 종로구 혜화로 47 한려빌딩 302호
전화	02-765-9682
팩스	02-766-9682
전자우편	munhak@silhum.or.kr
홈페이지	www.silhum.or.kr

디자인	김은희
인쇄	아르텍

ⓒ강정
ISBN 979-11-956227-0-2 (03810)
값 10,000원

이 책의 판권은 저자와 문학실험실에 있습니다.
양측의 서면 동의 없는 무단 전재 및 복제를 금합니다.